Domenico Branca

Domenico Branca

XXIV - Fiaba

Titolo: Lo scialle

Domenico Branca

Autore: Domenico Branca
Pseudonimo Path

Proprietà intellettuale riservata
(Lo scialle)

Domenico Branca

*E vietata la riproduzione, tutti i diritti sono riservati
nessuna parte del presente può essere riprodotto o
diffusa con qualsiasi mezzo. Fotocopie microfilm o
altro senza il consenso scritto dall'autore.*

Domenico Branca

5

Biografia

Domenico Branca, nato a. Melissa (Kr) il 22.12.1958 Poeta contemporaneo,pittore artistico, presente su vari canali online.

Domenico Branca

E' necessario il tempo per ringraziare, includendo una storia per poter viaggiare attraverso il pensiero di cui mi concede il mio silenzio.

Domenico Branca

Prefazione

Il freddo inverno nel bel mezzo del bosco, il suo conforto nei miei ricordi; in questo luogo della natura pressata dal gelo e dalla neve, lei mi protegge legato al suo palmo di mano, chiudendo i miei occhi in questa triste stagione non ideale, e scelgo il mio sogno. Tutto sommato è un viaggio ormai divenuto la mia attrazione.

Domenico Branca

Ci saranno stagioni imprecisabili alla quale ne diventa una ragione, il nostro legame è la complicità

Domenico Branca

Dalla serie: Il Passero e la Fata

Domenico Branca

*Fino il racconto del buon Natale, e giunto il mattino
il freddo mattino; e il passero gaio decise di uscire
insieme alla fata dai suoi occhi di bosco.*

Da quel rifugio che avevan trovato la sera prima per coprirsi dal freddo inverno; quindi: continuarono con il loro cammino, verso la meta di cui era stato deciso.

12

E nel mentre viaggiavano il passero gaio, si lamentava della fredda stagione invernale; non sopportava il gelo ed il freddo, a questo punto chiese alla fata ormai cosi inorridito.

Domenico Branca

*Chiese alla fata dagli occhi di bosco per un miracolo
a questo proposito; lei gli rispose che non era possibile
in quanto non aveva poteri nel trasformare la stagione
invernale a suo piacimento.*

Diversamente lo volle aiutare, portando il passero gaio sul palmo della sua mano; poi lo copriva con il suo scialle, alla quale era buon uso da lei indossarlo.

15

*Ed ecco, che il passero gaio ne fu coperto per alleviare
la sua sofferenza, e finalmente raggiunse il suo corpo al
al caldo; poi si esprimeva verso la fata nel dimostrando
la sua contentezza.*

Il passero gaio molto contento ringraziava la fata, per la sua dolce iniziativa; coprendo il mio corpo bene e accudito, ormai congelato.

E nel frattempo ci avviammo verso la meta, affidandomi a lei, la fata dagli occhi di bosco; poiché conosceva il nostro cammino, e lo teneva dentro di se.

Senza citarne con parole o dettagli; brancolavo nel buio ma ero felice, in quanto mi fidavo di lei ed io la seguivo senza batter ciglio.

Domenico Branca

*Ormai diventato il nostro cammino, e nei miei occhi
mi sembrava talmente lontano, nella mia mente c'era
il pensiero, chissà! Quanto tempo senza la meta.*

Domenico Branca

*E tuttavia potevo, finalmente star caldo in questo tempo
di freddo e di gelo; e servito il suo scialle per poter star
meglio.*

Domenico Branca

*E nel mentre la fata nel bel mezzo del bosco, continuava
il viaggio attraverso il sentiero; nella mano sinistra aveva
un bastone nudo di foglie.*

Il passero gaio ormai divenuto a suo agio, chiedeva alla fata poiché nel silenzio; i raccontare nel mentre viaggiamo una nuova storiella con riferimento.

Ci devo pensare rispose la fata, poi ti dirò il nuovo argomento.

Continua...

Domenico Branca

25

Autore. Domenico Branca
Pseudonimo. Path

ISBN -9798813951671
Casa Editrice.
Pubblicato Indipendente

Domenico Branca

Domenico Branca